Y a-t-il un critique dans la salle ?

JEAN-PIERRE MARTINEZ

Y a-t-il un critique dans la salle ?

La Comédiathèque
comediatheque.net

Distribution

Sam : comédien (ou comédienne)
Fred : comédien (ou comédienne)
Dany : critique (homme ou femme)
Max : attaché(e) de presse (homme ou femme)

Dans cette version, Fred, Sam et Dany sont des hommes et Max est une femme, mais tous les rôles sont indifféremment masculins ou féminins sans changement de dialogues significatifs.

Avant toute représentation publique, professionnelle ou amateur, vous devez obtenir l'autorisation de la SACD : www.sacd.fr

Scène 1

Une scène vide à l'exception de deux chaises. On entend les trompettes annonçant le début d'une représentation dans la Cour d'Honneur du Palais des Papes à Avignon. Sam entre, suivi par Fred. Sam a une pastèque à la main. Ils s'effondrent chacun sur une chaise.

Sam – Je n'en peux plus... Et dire que le festival ne commence que demain...

Fred – C'est vrai qu'il fait chaud.

Sam – Chaud ? Il fait 45 degrés à l'ombre !

Fred – Les climato-sceptiques, il faudrait les envoyer tracter à Avignon...

Sam sort une bouteille d'eau et boit, après quoi il tend la bouteille à Fred.

Sam – Pourquoi ils font ça au mois de juillet, aussi ?

Fred – Sûrement parce que les gens sont en vacances.

Sam – Ouais, ben pour nous ça ne va pas être des vacances.

Fred – Tu te souviens ? L'année dernière, au mois de juillet, on faisait un stage de voile en Bretagne.

Sam – Et après on dira que les intermittents sont des assistés.

Fred *(à la salle)* – Allez-y, vous... On vous la laisse, notre place...

Sam – Vous verrez si la vie d'artiste, c'est vraiment des vacances.

Fred – Allez-y, fourguer un flyer en plus à des gens qui en ont déjà plein les poches...

Sam – Ou accrocher une affiche en bas d'une gouttière qui en est déjà recouverte jusqu'au troisième étage...

Fred – Une gouttière sur laquelle tous les clébards d'Avignon ont pissé pendant toute l'année.

Sam – Quand ce n'est pas les poivrots du coin qui ont vomi dessus pendant la nuit.

Fred – Allez-y ! Essayez un peu pendant un jour ou deux. Vous verrez ce que c'est que la vie d'artiste.

Sam – Non, il faut vraiment être complètement maso.

Fred – Ouais...

Un temps. Ils affichent un grand sourire.

Sam – Mais depuis le temps qu'on en rêvait...

Fred – C'est trop génial. J'ai encore du mal à y croire. Le Festival d'Avignon...

Sam – Jusque là, on ne l'avait fait qu'en spectateur. J'ai l'impression d'être passé de l'autre côté du miroir.

Fred – En espérant que ce ne soit pas un miroir aux alouettes... Comment ça s'est passé, ton tractage ?

Sam – Super ! Un type m'a demandé si je pouvais lui donner des invitations pour la première.

Fred – Qu'est-ce que tu as répondu ?

Sam – Je lui ai dit que s'il venait avec sa copine, on pouvait faire une place achetée une place offerte.

Fred – Très bien.

Sam – Malheureusement, il n'avait pas de copine...

Fred – Et alors ?

Sam – Je lui ai donné une invitation.

Fred – OK...

Sam – Il faut bien amorcer le bouche-à-oreille.

Fred – C'est sûr...

Sam – Et toi, avec les affiches ?

Fred – Le patron d'un bar-tabac m'a demandé deux invitations pour me laisser mettre une affiche sur sa vitrine.

Sam – Et alors ?

Fred – Je lui ai dit d'aller se faire foutre.

Sam – Ah oui, c'est bien aussi.

Fred – C'est dingue, grâce à nous il va multiplier son chiffre d'affaires par dix pendant tout le festival, en vendant légalement des produits hautement cancérigènes...

Sam – Mais nous, il faudrait qu'on joue gratuitement...

Fred – Ça me donnerait presque envie d'arrêter de fumer.

Sam – C'est le tabac qui est au coin de la rue ?

Fred – Ouais.

Sam – Ça ne m'étonne pas. Sur la vitrine, le verre d'eau du robinet est affiché à un euro pendant le festival.

Fred – Et les toilettes sont réservées à la clientèle, évidemment.

Sam – Enfin, il y a aussi des commerçants sympas. L'épicier arabe m'a pris un paquet de flyers, et il m'a offert un melon.

Fred – Ce n'est pas un melon, c'est une pastèque.

Sam – Ah ouais... Je me disais aussi. C'est gros pour un melon...

Fred – Allez, on y croit.

Sam – Ouais, mais il va falloir tenir le choc...

Fred – Tu verras, quand ça va vraiment commencer, c'est l'adrénaline qui nous fera tenir. *(Un temps)* Qu'est-ce qu'on bouffe à midi ?

Sam – Je ne sais pas... Une pastèque ?

Noir.

Scène 2

Fred entre. Il fait des exercices d'articulation.

Fred – Natacha n'attacha pas son chat Pacha qui s'échappa, cela fâcha Sacha qui chassa Natacha... Natacha n'attacha pas son chat Pacha qui s'échappa, cela fâcha Sacha qui chassa Natacha...

Sam arrive.

Sam – Si six scies scient six cyprès, six cent six scies scient six cent six cyprès... Si six scies scient six cyprès, six cent six scies scient six cent six cyprès...

Fred – Alors, ça y est ? C'est le grand soir ?

Sam – Je suis mort de trac. Pas toi ?

Fred – La première... C'est le moment de vérité.

Sam – Est-ce que le public va aimer ce qu'on a mis plus d'un an à préparer pour lui ?

Fred – Standing ovation, ou applaudissements polis...

Sam – Simples sifflets, ou projectiles divers ?

Fred – Si seulement c'était des tomates, ça nous permettrait de bouffer autre chose que de la pastèque...

Sam – Il n'y a que les profs à la retraite et les bobos parisiens qui vont à Avignon, ce sera sûrement des tomates bios.

Fred – Tu as raison, faut rester optimistes.

Un temps. Fred regarde son portable.

Sam – Ouais, mais il faudrait encore qu'il y ait quelqu'un dans la salle... On en est où des résas ?

Fred – Pour l'instant, c'est plutôt calme.

Sam – Je vois... Donc toujours aucune réservation.

Fred – À part ce type à qui tu as donné une invitation... Mais c'est Avignon, les gens ne réservent pas ! Ils se pointent directement au théâtre.

Sam regarde autour de lui.

Sam – Au théâtre... Il faut encore le savoir, que c'est un théâtre. Je ne sais pas comment ils ont réussi à caser 49 sièges ici.

Fred – En supprimant les coulisses, déjà.

Sam – Ce n'est pas plus grand que le kebab où on a mangé hier. Qu'est-ce que c'est, pendant l'année, cet endroit ?

Fred – Un kebab. Tu n'as pas vu ? On voit l'enseigne au-dessus de la porte, à côté de celle du théâtre.

Sam – D'accord... Alors c'est ça, cette odeur...

Fred – C'est vrai que c'est tenace, l'odeur du graillon...

Sam – En somme, on peut dire qu'on a privatisé un kebab pour trois semaines...

Fred – Ouais...

Sam – Et tout ça pour la modique somme de...?

Fred – 12 000 euros.

Sam – 12 000 euros...

Fred – Et les kebabs ne sont même pas offerts par la maison...

Sam – C'est la magie d'Avignon...

Fred – Bon, ça comprend aussi le logement qu'il y a juste au-dessus.

Sam – Le logement... Cette chambre de bonne sans clim... avec la douche sur le palier.

Fred – Au moins il y a des toilettes. Il paraît que ce n'est pas le cas partout...

Sam *(regardant un des flyers)* – « Quitte ou double »... Je crois qu'on a bien choisi le titre de notre spectacle... On a investi toutes nos économies pour faire ce festival. Soit ça lancera notre carrière...

Fred – Soit ça y mettra fin prématurément.

Sam – J'ai fait les comptes. Pour simplement rentrer dans nos frais, il faudrait qu'on affiche complet du début à la fin.

Fred – Et encore... Heureusement que nous, à part quelques amphétamines de temps en temps, on ne prend pas de cachets...

Sam – Ouais, mais il y a aussi les affiches et les flyers.

Fred – Sans oublier l'attachée de presse...

Sam – Tiens, justement la voilà...

Scène 3

Max, l'attachée de presse, arrive. C'est une femme joviale habillée de façon un peu excentrique.

Max – Ça va, les loulous ?

Fred – On parlait de vous justement.

Max – Vous ne pouvez déjà plus vous passer de moi ?

Sam – On disait que vous étiez hors de prix.

Max – Je suis l'attachée de presse la moins chère du marché !

Fred – Pas forcément la meilleure, malheureusement.

Sam – On compte sur vous pour remplir la salle, Max. Sinon, c'est la ruine...

Max – Ça, vous savez... Il ne faut pas faire Avignon pour gagner de l'argent.

Fred – Ah oui ?

Sam – Si on pouvait éviter d'en perdre, en tout cas.

Fred – Et on fait Avignon pour quoi, exactement ?

Max – Il faut voir ça comme un investissement ! Viser les programmateurs.

Sam – Les programmateurs ? Et il y en a beaucoup qui ont annoncé leur venue ?

Max – Pour l'instant, non. Mais c'est le premier jour, ça va venir... Les rues d'Avignon sont noires de monde !

Sam – Oui, mais il y a plus de 1500 spectacles...

Max – En même temps, le théâtre n'est pas très grand. Avec 15 spectateurs vous faites déjà presqu'une demi-salle !

Fred – Il faut encore les trouver, ces 15 spectateurs...

Max – On a tracté toute la journée, et on n'a aucune réservation..

Max – Bon, c’est vrai que vous n’avez pas beaucoup d’atouts de votre côté...

Fred – Merci... Ça nous remonte le moral de savoir que notre attachée de presse croit en nous.

Max – On ne va pas se mentir... Vous avez écrit le texte vous-mêmes, vous n’êtes pas des comédiens connus, vous ne jouez pas dans un grand théâtre...

Fred – On joue dans un kebab...

Max – On ne parle pas de vous dans les médias...

Sam – C’est un peu pour ça qu’on a pris une attachée de presse, non ?

Max – Évidemment... Mais je ne fais pas de miracles, non plus...

Fred – À ce prix-là, on aurait pu espérer.

Max – Et puis le sujet de la pièce n’est pas vraiment porteur non plus.

Sam – Le sujet ? Je ne savais même pas que notre pièce avait un sujet.

Fred – Et c’est quoi, un sujet porteur, en ce moment ?

Max – Je ne sais pas moi. Les migrants. Les femmes battus. Le nazisme...

Sam – Le nazisme, c’est un sujet d’actualité ?

Max – Il y a des sujets indémodables, vous savez. Si encore vous étiez juifs ou arméniens...

Fred – Désolé, je suis grec par ma mère et italien par un copain de mon père...

Max – Non, quand on a un spectacle comme le vôtre, la seule solution c’est que les comédiens soient un peu connus. Vous n’avez jamais joué dans un feuilleton à la télé ?

Sam – Non...

Fred – J’ai fait une pub pour une complémentaire santé, il y a deux ans. Mais on ne me voyait que de dos...

Sam – Vous savez comment on devient un comédien connu, vous ?

Max – D'ici à ce soir ? À moins de tuer quelqu'un...

Fred – C'est vrai que d'étrangler notre attachée de presse le soir de la première, ça pourrait faire de nous des comédiens connus...

Max – Je vais vous laisser travailler... Mais bon, il faut rester positif ! On peut encore espérer une bonne surprise...

Max sort.

Scène 4

Sam – Elle a raison, on aurait peut-être dû choisir un texte... écrit par quelqu'un dont c'est le métier.

Fred – Et payer 10% de droits d'auteur en plus ?

Sam – Ou alors un auteur mort...

Fred – Mort depuis plus depuis plus de 70 ans alors. Sinon, il faut encore payer les ayants droit.

Sam – Ouais, ce n'est pas faux... On paye déjà la salle, les affiches, l'attachée de presse... Si en plus il faut payer un auteur !

Fred – Et pourquoi pas les comédiens, aussi ?

Le portable de Sam sonne, et il prend l'appel.

Sam – Oui, maman... Oui, oui, tout va très bien... Oui, on a déjà pas mal de réservations et... Oui merci... Merci oui... OK, il va falloir que je te laisse, j'ai un double appel... Oui, encore une réservation, sûrement... C'est ça, à plus tard...

Il range son portable.

Fred – Ta mère...?

Sam – Ma mère... Elle nous a prêté 10 000 euros, c'est normal, elle s'inquiète un peu...

Fred – Tu n'avais qu'à lui répéter ce que vient de nous dire notre attachée de presse : il ne faut pas faire Avignon pour gagner de l'argent...

Sam – C'est sûr qu'elle n'est pas près de les revoir, ses 10 000 euros.

Fred regarde l'affiche de leur spectacle intitulé "Quitte ou double", avec leurs photos.

Fred – Elle n'est vraiment pas terrible, cette affiche...

Sam – Non...

Fred – On aurait peut-être dû prendre un graphiste.

Sam – Tu sais combien ça coûte, un graphiste ?

Fred – Je sais combien ça va nous coûter si on fait un four...

Sam – De toute façon, les affiches... Ce matin, le mistral a emporté toutes celles qu'on avait posées pendant la nuit.

Fred – Ça nous évitera d'être verbalisés pour les avoir accrochées à un emplacement interdit.

Sam – C'est tout de même curieux. Il n'y aurait pas de festival sans nous. On est les seuls à ne pas gagner d'argent. Et on nous considère comme des gêneurs...

Fred – Ouais... Des pollueurs... Voire des délinquants...

Sam – Surtout les petites compagnies comme nous, qui n'ont aucune subvention.

Fred – Pourtant, on vend vingt fois plus de billets dans le OFF que dans le IN...

Sam – Ce n'est pas grâce à nous, on n'en a vendu aucun, mais bon...

Fred regarde son portable.

Fred – Ah, on vient d'avoir une résa...

Sam – Génial !

Fred – C'est le type à qui tu as donné une invitation. Il veut réserver une deuxième place.

Sam – Il s'est trouvé une copine ?

Fred – Non, mais il viendra avec sa grand-mère. Il demande s'il y a une réduction pour les personnes âgées...

Un temps.

Sam – Je me demande si on a bien fait d'investir aussi dans une attachée de presse, parce que pour l'instant...

Sam – Avec le fric qu'on lui donne...

Fred – On aurait mieux fait de choisir un attaché de presse mort depuis plus de 70 ans.

Un temps. Fred consulte son portable, avec un air soucieux.

Sam – Quoi...?

Fred – Non, non... C'est Alex...

Sam – Elle n'est pas encore arrivée ? Tu m'avais dit qu'elle serait là pour la première...

Fred – Ouais...

Sam – Il y a un problème ?

Fred – Un empêchement de dernière minute, apparemment... Elle devrait arriver dans quelques jours...

Scène 5

L'attachée de presse revient, un grand sourire sur les lèvres.

Max – Je vous avais dit qu'il fallait me faire confiance ! Bonne nouvelle, Daniel Flamby viendra voir le spectacle ce soir.

Sam – Daniel Flamby ?

Fred – C'est qui ?

Max – Flamby ! Le critique de *Provence Matin* !

Sam – Super...

Max – Non mais vous ne vous rendez pas compte ! Tout le monde rêve d'avoir une recommandation de Daniel Flamby ! Si le spectacle lui plaît et qu'il écrit un papier, ça va vous lancer !

Sam – Non, non, on est très contents.

Fred – Ça nous met un peu la pression, c'est tout. Il va falloir assurer...

Sam – Et pour commencer, il va falloir qu'on se bouge pour que le critique ne soit pas tout seul dans la salle.

Fred – On va se remettre à tracter... et se résoudre à distribuer des invitations.

Sam – C'est un peu tard pour ça, non ? On joue dans deux heures...

Max – Ne vous inquiétez pas. J'ai peut-être une solution...

Fred – Ah oui ?

Max – Je peux faire venir un groupe de 30.

Sam – Non ?

Fred – Un groupe de 30 ?

Max – Une classe de CAP plomberie d'un lycée professionnel d'Avignon. Je connais le directeur.

Sam – D'accord...

Max – Évidemment, il faudra les inviter.

Fred – Évidemment...

Max – Alors ? Merci qui ?

Sam et Fred affichent un sourire un peu forcé.

Noir.

Scène 6

Sam et Fred arrivent, exaltés.

Sam – Alors ?

Fred – On a été bons, non ?

Sam – Je trouve aussi.

Fred – À part les cinq répliques que tu as sautées à la fin.

Sam – Attends, c'est toi qui a sauté une réplique juste avant...

Fred – Enfin, on s'est bien rattrapés.

Sam – Je suis sûr que le public n'a rien vu.

Fred – Ces petits accidents, c'est ce qui fait le charme du spectacle vivant, non ?

Sam – En tout cas, un complet, pour une première, c'est toujours bon à prendre.

Fred – Même avec des invitations...

Sam – Il faut avouer que sur ce coup-là, notre attachée de presse a assuré.

Fred – En revanche, le public n'était pas très réactif, non ?

Sam – Ils n'ont même pas applaudi à la fin.

Fred – Ouais, c'est curieux... Pourtant ils avaient l'air contents.

Sam – Ils se contentaient d'agiter leurs mains en l'air comme ça.

Il fait le geste d'agiter ses deux mains en l'air comme des marionnettes.

Fred – Et le critique ?

Sam – Va savoir... Mais je dirais que ça lui a plu, non ?

Fred – Il était au premier rang. Je l'ai vu prendre des notes pendant tout le spectacle.

Sam – Oui, ça ne m'a pas mis très à l'aise, d'ailleurs... J'avais l'impression de repasser l'oral du bac... que j'ai raté, d'ailleurs.

Fred – Il est parti très vite après la représentation.

Sam – Il avait sûrement un autre spectacle juste après.

Scène 7

Max arrive.

Max – Salut les loulous ! Alors ? Ça boume ?

Fred – Super !

Sam – Vous avez eu un premier retour de Daniel Flamby ?

Max – Dany ? Je viens de le croiser, justement.

Fred – Et alors ? Comment il a trouvé le spectacle ?

Max – Il était pressé, on n'a pas eu trop le temps de parler. Mais il a dit qu'il ferait un papier très rapidement.

Sam – C'est sûr qu'un article dans *Provence Matin*, ça nous aiderait beaucoup.

Fred – Si on pouvait afficher une recommandation de Daniel Flamby à l'entrée du théâtre.

Max – En tout cas, les jeunes, ça leur a beaucoup plu.

Sam – Ah oui ? C'est curieux, pourtant personne n'a applaudi à la fin...

Fred – Oui, ils se contentaient d'agiter leurs mains au-dessus de leurs têtes comme ça...

Il imite à nouveau le geste.

Max – Ah, non, mais ça c'est leur façon à eux d'applaudir.

Sam – Les jeunes applaudissent comme ça, maintenant ?

Max – Les sourds-muets, en tout cas.

Fred – Les sourds-muets...?

Max – Oui... C'était des sourds-muets.

Sam – Je croyais que c'était une classe de CAP Plomberie.

Max – De CAP Plomberie, oui... Dans une école spécialisée...

Fred – D'accord... Alors ils n'ont rien capté, quoi !

Max – Ah mais si ! Ils peuvent lire sur les lèvres... Enfin, quand vous ne tournez pas le dos au public, évidemment...

Sam – Des sourds-muets...

Fred – Pour amorcer le bouche-à-oreille...

Sam – Génial...

Max – Il faut dire que là non plus, vous n'avez pas choisi la facilité. Le créneau de 23 heures, ce n'est pas très évident...

Fred – Il ne restait plus que celui-là de libre.

Sam – Et c'était le moins cher.

Max – Oui... On se demande pourquoi...

Fred – D'un autre côté, comme on est les derniers, on n'a pas à se presser pour ranger les décors.

Max – Les décors ? Il n'y a que deux chaises...

Sam – Et surtout, on peut dormir sur la scène après le spectacle... Il fait tellement chaud là-haut...

Fred – Vous avez la clim, vous ?

Max – J'ai une villa avec piscine dans un petit village pas très loin.

Sam – On aurait dû faire attaché de presse, au lieu de comédien.

Max – Mais c'est vous qui êtes dans la lumière, les loulous ! C'est vous qu'on applaudit !

Fred – Oui, enfin... Ça dépend du public. Qui est-ce que vous avez prévu aujourd'hui pour faire la claque ? Des manchots ?

Max – Vous devriez écrire une pièce là-dessus, un jour. Je suis sûre que celle-là elle aurait du succès.

Sam – Sur quoi ?

Max – Les galères d'une petite compagnie qui fait Avignon pour la première fois avec un spectacle de merde.

Fred – Merci... On va y penser pour l'année prochaine...

Max – Quand on peut aider.

Fred – Et les programmateurs ?

Max – Il y en a un qui vient ce soir, justement.

Sam – Ah oui ? Et c'est qui ?

Max – C'est... le type qui s'occupe de la programmation au Foyer Rural Catholique de Saint-Léonard-des-Bois.

Fred – Saint-Léonard-des-Bois ? C'est où, ça ?

Max – Dans la Sarthe...

Sam – Le Foyer Rural Catholique de Saint-Léonard-des-Bois...

Fred – Génial...

Max – Non, mais c'est le premier. Une bonne critique de Daniel Flamby, ça devrait attirer d'autres programmateurs...

Noir.

Scène 8

Fred est là, somnolant sur une des chaises. Sam arrive, un journal à la main. Fred sort de sa torpeur.

Sam – J'ai acheté le journal.

Fred – La critique est parue ?

Sam – Je n'ai pas eu le temps de regarder. J'en ai profité pour tracter en revenant...

Il s'assied sur l'autre chaise et feuillette le journal.

Fred – Alors ?

Sam – Je ne vois rien... Ah si ! C'est en page trois...

Fred – Génial !

Sam – Notre première critique.

Fred – Et qu'est-ce que ça dit ?

Sam *(lisant)* – « Du théâtre dans un kebab »... C'est le titre de l'article...

Fred – C'est plutôt marrant.

Sam *(lisant)* – « Une comédie jouée dans un kebab, le concept avait de quoi séduire les inconditionnels du OFF. Car en effet, il y a aussi de grands spectacles dans de toutes petites salles. Hélas, la pièce à laquelle nous avons assisté hier est au théâtre ce que le kebab est à la gastronomie française : à la fois insipide et indigeste... »

Fred – Et c'est tout...?

Sam lit encore un peu en silence avant de lever les yeux du journal.

Sam – Ça continue comme ça pendant quelques lignes, mais je crois que tu as compris l'idée générale...

Fred – Ouais...

Sam *(lisant)* – Ça se termine par : « On sort de ce spectacle un peu gras avec une certaine nausée, et les vêtements imprégnés d'une odeur de mauvaise friture... »

Sam et Fred sont anéantis.

Fred – Le salopard...

Sam – Notre spectacle s'appelle "Quitte ou double ?". Je crois que maintenant on a la réponse...

Fred – Non mais attends, on ne va pas baisser les bras dès le premier jour. Ça n'est que l'avis d'un critique. Un raté qui n'a jamais créé quoi que ce soit dans sa vie, et qui prend un malin plaisir à dénigrer ce que font les autres...

Sam – On a tout donné pour faire Avignon. J'ai même vendu ma collection de timbres...

Fred – Au moins on parle de nous dans le journal...

Sam – Un article comme ça, je m'en serai bien passé.

Fred *(relisant l'article)* – « On sort de ce spectacle un peu gras avec une certaine nausée, et les vêtements imprégnés d'une odeur de mauvaise friture... »

Sam – C'est vrai que c'est plutôt bien écrit...

Fred – On n'avait déjà aucune réservation, ça va faire fuir le public !

Sam – Bon... Alors qu'est-ce qu'on fait ?

Fred – Qu'est-ce que tu veux qu'on fasse ? Qu'on rachète tous les exemplaires de *Provence Matin* avant que les festivaliers aient pu lire cette critique au vitriol ?

Sam – Pour l'instant, j'essaie de résister à l'envie d'aller me jeter dans le Rhône...

Fred – Moi j'aurais plutôt envie d'aller étrangler le fumier qui a écrit ça.

Sam – Ce n'est déjà pas évident de tracter avec cette canicule. Là on est définitivement grillés...

Scène 9

L'attachée de presse arrive, toujours aussi joviale.

Max – Ça va les loulous ?

Fred – Elle nous demande si ça va...

Max – Quoi, qu'est-ce qu'il y a ?

Sam – Non, ça ne va pas du tout.

Fred – Vous avez vu l'article de Flamby dans *Var Matin* ?

Max – *Provence Matin.*

Sam – Oui, bon, ce n'est pas vraiment le problème, si ?

Max – Au moins, on parle de vous dans le journal ! C'est ce que vous vouliez, non ?

Fred – C'est tout ce que vous trouvez à nous dire ?

Sam – Alors c'est pour ça qu'on vous paie ? Pour avoir des critiques de merde ?

Max – Eh, oh, d'abord vous ne m'avez pas encore payée, d'accord ? Ensuite, mon boulot, c'est de faire venir des journalistes. Je ne peux pas vous garantir que les critiques seront toujours bonnes...

Fred – Je vois... Pour ça, c'est l'option premium...

Sam – On comptait sur cet article pour faire venir du monde. Avec un papier comme ça dès le premier jour, on est morts !

Max – Ce n'est que l'avis d'un critique. Vous aurez peut-être de meilleurs papiers.

Fred – Vous croyez ?

Max – Et puis vous savez, à Avignon, il y a aussi des spectacles qui font salle comble avec de mauvaises critiques.

Sam – Ah oui ? Lesquels, par exemple ?

Max – Là, ça ne me vient pas à l'esprit, mais... il doit y en avoir.

Fred – Donc vous êtes attachée de presse, et vous êtes en train de nous expliquer que les critiques, ça ne sert à rien ?

Max – Ça n'est que *Provence Matin*, vous savez...

Sam – Ah oui ? Parce que vous pensiez faire venir un critique de *Télérama* ou du *Figaro*, peut-être.

Max – Franchement... je ne suis pas sûre que ce serait un service à vous rendre...

Fred – Bon... Et qu'est-ce qu'on fait, maintenant ?

Sam – Hier vous disiez que pour devenir célèbre, il suffisait d'assassiner quelqu'un, là j'ai l'impression que c'est nous qu'on a assassinés.

Fred – Ouais... Et moi aussi ça me donne des envies de meurtre.

Sam – C'est sûr que d'assassiner un critique, ça nous pourrait nous donner une certaine visibilité.

Le portable de Fred sonne et il répond.

Fred – Oui Alex, comment ça va... Oui...? Ah oui...?

Il sort.

Scène 10

Max – Il est un peu à cran, votre copain, non ?

Sam – On a tout misé sur ce festival. Et ça n'a pas d'aller fort non plus avec sa copine. Alors cet article... c'est le coup de grâce, vous comprenez ?

Max – Ça, qu'est-ce que vous voulez...? Des mauvaises critiques, ça arrive... Il y en aura d'autres...

Sam – D'autres ? Vous voulez dire... qui soient meilleures.

Max – Ou pire, allez savoir... Vous savez, quand on fait ce métier, il faut savoir encaisser...

Sam – Encaisser, on aimerait bien justement... Parce que pour l'instant, la caisse, elle est désespérément vide.

Max – Allez, je suis sûre que ça va finir par décoller. La première semaine, à Avignon, c'est toujours un peu difficile.

Sam – Oui, et il paraît que la dernière semaine, il n'y a plus personne. Et comme le festival ne dure que trois semaines...

Max – Ça vous laisse une semaine au milieu ! Bon, vous m'excuserez, mais il faut que j'y aille... J'ai rendez-vous avec un journaliste, justement... J'essaierai de le faire venir demain, mais vous savez, ce n'est pas toujours évident. Pendant le festival, la presse est très sollicitée...

Max sort.

Scène 11

Fred revient, la mine déconfite.

Sam – Ça va ?

Fred – Alex ne viendra pas...

Sam – Non...?

Fred – Elle vient de me larguer, en fait...

Sam – Ah merde... Mais pourquoi ?

Fred – Peut-être parce qu'elle n'a pas envie de passer ses vacances avec un looser comme moi... et son pote. Dans une chambre de trois mètres carrés sans clim...

Sam – Ah ouais, ça craint... Surtout qu'elle devait nous aider à tracter...

Fred – Son ex l'a invitée à passer l'été dans la villa de ses parents, en Corse.

Sam – Évidemment... c'est difficile de lutter...

Fred ouvre Provence Matin *à la page de la critique.*

Fred – J'ai tout sacrifié pour faire ce festival. Et ce salopard qui nous assassine dès le premier jour.

Sam – Ouais... Ça aussi, ça craint...

Fred jette le journal.

Fred – On ne va pas se laisser faire !

Sam – Qu'est-ce que tu veux qu'on fasse ?

Fred – On va frapper un grand coup ! Tu me fais confiance ?

Sam le regarde avec un air inquiet.

Noir.

Scène 12

Sam et Fred portent des masques de théâtre. Sur une chaise, ligoté, bâillonné, et un bandeau sur les yeux, Daniel Flamby, le critique de théâtre. Sam reste calme, mais l'excitation de Fred ira crescendo.

Sam – Enlever un journaliste pour une mauvaise critique... C'est peut-être un peu excessif, non ?

Fred – Attends, ce n'est pas seulement une mauvaise critique, c'est un véritable assassinat !

Sam – Un assassinat...

Fred – Moi j'estime que c'est de la légitime défense.

Sam – Ouais...

Fred – Non mais tu ne te rends pas compte ! On n'était déjà pas sûrs d'équilibrer notre budget en affichant complet pendant trois semaines. Avec une critique pareille, on est certain de ne plus avoir personne !

Sam – Il y a toujours le bouche-à-oreille.

Fred – Le bouche-à-oreille ? Avec des sourds-muets ?

Sam – Évidemment, vu comme ça...

Fred – Ce type a signé notre arrêt de mort, je te dis... Pour nous Avignon, c'est fini ! Et si on ne trouve pas le moyen de rebondir, c'est aussi la fin de notre carrière de comédiens.

Sam – Ce n'est pas faux...

Fred – Mais bien sûr ! Pour ce gratte-papier, c'est juste un petit article au vitriol dans un journal régional. Pour nous c'est la peine capitale !

Sam – D'accord, mais calme-toi un peu, OK ? Parce que là, tu es en train de nous faire une attaque.

Fred – OK, je me calme...

Sam – Bon... Et maintenant, qu'est-ce qu'on en fait ?

Le critique essaie désespérément de parler à travers son bâillon. Sam et Fred échangent un regard.

Fred – Réduire un critique au silence, c'est déjà ça.

Sam – Il ne s'agirait pas qu'il s'étouffe, non plus.

Fred – Si on lui enlève son bâillon et qu'il se met à hurler, on va se faire repérer.

Sam – D'un autre côté, l'avantage des théâtres, c'est que c'est bien insonorisé.

Fred – Tu as raison... Si des passants entendent quelqu'un crier, ils penseront que c'est dans la pièce.

Sam – Et puis si on doit négocier quelque chose avec lui, il faut bien le laisser parler.

Fred – OK... Écoutons ce qu'il a à nous dire...

Fred retire le bâillon de Dany.

Dany – Vous êtes complètement dingues ! Et puis vous êtes qui, d'abord ?

Sam – On a mis des masques, abruti, tu crois qu'on va te le dire ?

Dany – Mais enfin qu'est-ce que vous me voulez ? Si c'est pour une rançon, vous allez être déçus. Je n'ai presque rien sur mon compte en banque. Et personne ne paiera quoi que ce soit pour me libérer. Je suis célibataire et sans enfants.

Fred – Ça ne m'étonne pas. Vous êtes un vieux garçon aigri, comme tous les critiques.

Dany – Donc vous savez que je suis critique. Alors vous devez savoir aussi qu'on ne fait pas fortune dans ce métier. Surtout pas dans un journal régional...

Sam – Ce n'est pas votre argent qui nous intéresse.

Dany – Ah oui ? Pourquoi est-ce que vous m'avez enlevé, alors ?

Fred – Vous n'avez pas une petite idée ?

Dany – Non...

Sam – Votre métier... Parlons-en... Alors c'est pour ça qu'on vous paie ? Pour décourager les jeunes comédiens qui débutent ? Pour ruiner les petites compagnies qui investissent toutes leurs économies pour faire un premier Avignon ?

Fred – Et vous voudriez qu'on se laisse faire sans rien dire...

Dany – D'accord... Alors c'est de ça dont il est question... Mais... vous appartenez à un collectif ? Genre la branche armée des nanars du OFF ? Ou bien vous agissez en votre nom personnel ?

Sam – Les nanars du OFF, hein ?

Fred – Quel mépris...

Sam – OK, notre spectacle est encore en rodage. Mais est-ce que vous, vous avez jamais pris le risque de créer quoi que ce soit par vous-même ? Et d'investir le peu d'argent que vous avez pour réaliser un rêve ?

Fred – Est-ce que vous avez encore des rêves, Monsieur Flamby ? Ou est-ce que votre seule jouissance, dans la vie, c'est d'empêcher les autres de réaliser les leurs ?

Dany – Vous ne croyez pas que vous versez un peu dans le cliché, là ? Le critique aigri dont la seule satisfaction est de dénigrer ceux qui font quelque chose dans la vie ?

Fred – Vous êtes vraiment sûr que c'est un cliché ?

Dany – Il m'arrive aussi d'encenser certains spectacles, et de les recommander chaudement...

Sam – Ah oui ?

Dany – Mon rôle, c'est d'épargner aux spectateurs des expériences décevantes, et de les orienter vers les spectacles qui méritent d'être encouragés.

Sam – Et bien sûr, votre avis est le seul qui vaille.

Dany – Ce n'est qu'une opinion. Personne n'est obligé de la partager.

Fred – Sauf que vous écrivez dans le journal. Quand vous descendez un spectacle, ça a des conséquences concrètes. Et pas seulement sur l'ego des comédiens...

Dany – Un spectacle ? Quel spectacle ?

Sam – Peu importe.

Dany – Et d'ailleurs, on est où, là ?

Fred – Vous pensez qu'on va vous le dire ? Vous nous prenez vraiment pour des cons...

Dany – Je n'ai écrit que sur deux ou trois spectacles depuis le début du festival...

Sam – Et j'imagine que vous les avez torpillés tous les trois.

Dany – Cet endroit me dit quelque chose...

Fred – Vous avez les yeux bandés !

Dany – C'est cette odeur... Une odeur écœurante... Une odeur... de kebab !

Sam – Pas du tout...

Dany – Mais oui, c'est vous ! "Quitte ou double" !

Fred – Mais pas du tout...

Dany – Vous êtes vraiment des malades.

Sam retire le bandeau des yeux de Dany. Sam et Fred enlèvent leur masque.

Sam – OK, c'est nous...

Dany – Mais qu'est-ce que vous voulez, exactement ?

Sam et Fred échangent un regard.

Fred – Je ne sais pas...

Dany – Vous n'espérez quand même pas qu'en m'enlevant, vous allez m'obliger à réécrire ma critique pour recommander votre spectacle ?

Sam – Ce serait un bon début...

Dany – Et comment vous pensez m'y contraindre ? Par la violence ?

Fred et Sam échangent un regard dubitatif.

Fred – On n'a pas encore décidé...

Dany – Votre spectacle est nul. Plutôt crever que d'écrire le contraire.

Sam – Alors vous seriez prêt à mourir plutôt que de revenir sur ce que vous avez écrit ?

Dany – Je ne vous crois pas fous au point de me tuer, seulement pour une mauvaise critique.

Fred – Allez savoir...? Tout à l'heure vous nous traitiez de grands malades...

Sam – Pour le moins, on peut vous retenir en otage pendant le reste du festival, ça vous empêchera de nuire à d'autres compagnies...

Dany – Ma disparition va être signalée. La police va enquêter.

Fred – Vous nous avez dit que personne ne se souciait de vous... Vous croyez que vous allez manquer à quelqu'un ?

Dany – Et puis on est sur une scène de théâtre. Dès demain matin, il y aura un autre spectacle. Vous ne pouvez pas me garder ici.

Sam – On vous cède avec joie la suite de luxe qu'on occupe juste au-dessus. Vous allez voir comment les comédiens vivent vraiment pendant le festival quand ils ne sont pas sous la lumière des projecteurs.

Fred – Vous verrez... Ce n'est pas plus grand qu'une cabine de sauna, et il y fait encore plus chaud...

Sam – Pourtant, ça nous coûte une fortune...

Fred – Pendant que vous êtes payé pour écrire bien au frais vos critiques fielleuses.

Sam se tourne vers Fred avec un air dubitatif.

Sam – Fielleuses ?

Fred – On vous laisse la nuit pour réfléchir...

Noir.

Scène 13

Sam et Fred sont là, avachis chacun sur une chaise. Dany a disparu.

Sam – Je me demande si on ne s'est pas laissé emporter par l'émotion, quand même...

Fred – Tu crois...?

Sam – Il vaudrait peut-être mieux le libérer maintenant.

Fred – Il sait qui on est. Il va se précipiter au commissariat pour porter plainte. On finira le festival en taule.

Sam – Qu'est-ce que tu proposes ?

Fred – Je ne sais pas... Le supprimer...?

Sam – Je vais faire comme si je n'avais rien entendu.

Fred – Alors quoi ?

Sam – On peut le garder encore quelques jours ici, le temps de réfléchir.

Fred – Réfléchir ? À quoi ?

Sam – On pourrait essayer de le convaincre de changer d'avis.

Fred – Au sujet de notre spectacle ?

Sam – Pourquoi pas ?

Fred – Tu l'as entendu ? Il ne veut pas en démordre !

Sam – Il faut reconnaître qu'il a de la suite dans les idées.

Fred – Ouais... Ça m'étonne d'ailleurs... Je ne pensais pas qu'un critique était prêt à mourir pour ses idées...

Sam – Dans ce cas, il vaut mieux le libérer... Plus on attend, plus on aggrave notre cas...

Fred – Je ne sais pas...

Sam – Si on lui fait nos excuses, et qu'on lui donne un peu d'argent, il acceptera peut-être de ne pas porter plainte.

Fred – De l'argent ?

Sam – Tu as raison... On n'a déjà pas de quoi bouffer. D'ailleurs, je commence à avoir faim.

Fred – Alors ?

Sam – Il nous l'a dit, il vit tout seul. Personne ne s'est encore rendu compte de sa disparition. Libérons-le tout de suite...

Fred – S'il nous accuse de l'avoir enlevé, on pourra toujours nier.

Sam – On dira qu'il affabule.

Fred – Enlever un critique... Comment des comédiens seraient assez cons pour faire un truc pareil ?

Sam – Et puis après tout, il n'y a aucun témoin.

Leurs regards se tournent vers le public.

Scène 14

L'attachée de presse arrive.

Max – Vous avez entendu la nouvelle ?

Fred – Quoi ?

Max – Le critique de *Provence Matin*. Il a disparu !

Sam – Disparu ?

Fred – Daniel Flamby ?

Sam – Non ?

Max – Il n'est pas venu à son journal ce matin, et il n'a pas rendu la dernière critique du spectacle auquel il a assisté hier soir.

Fred – Au moins, la compagnie doit être soulagée...

Sam – Il a peut-être pris quelques jours de vacances...

Max – En plein festival ? Et puis un cafetier de la rue des Teinturiers a retrouvé le petit carnet à carreaux sur lequel il prend ses notes pendant les représentations.

Fred – Non ?

Max – Il flottait sur la Sorgue.

Sam – Flamby ?

Max – Le carnet !

Fred – Il s'est peut-être suicidé...

Max – Le carnet ?

Fred – Flamby !

Max – Vous êtes parmi les derniers à l'avoir vu. Il avait l'air dépressif en sortant de votre spectacle ?

Sam – Il avait l'air normal... Pour un critique...

Fred – C'est toujours difficile de distinguer un critique normal d'un critique dépressif.

Max – J'espère qu'il ne s'est pas suicidé juste après avoir vu votre spectacle. Ce ne serait pas une bonne pub.

Sam – C'est sûr...

Max – En même temps, se suicider en se jetant dans la Sorgue...

Fred – Ouais... Ça fait deux mètres de large et cinquante centimètres de fond.

Sam – Alors qu'il y a le Rhône juste à côté.

Max – Ou alors, il s'est fait enlever.

Fred – Non ?

Sam – C'est incroyable cette histoire.

Fred – Qui pourrait bien avoir l'idée d'enlever un critique ?

Sam – Oui, c'est vraiment dingue...

Max – La police enquête. Ils vont sans doute venir vous interroger.

Sam – Nous ? Pourquoi nous ?

Max – C'est votre spectacle qu'il a critiqué en dernier. Et la critique n'était pas bonne...

Fred – La police ferait mieux de mettre en prison les gérants de théâtre qui louent un kebab 12.000 euros pour trois semaines.

Sam – Il y en a même qui louent des chapelles, il paraît.

Fred – Jésus avait chassé les marchands du temple. Aujourd'hui, à Avignon, les marchands rachètent les églises pour les louer à prix d'or pendant le festival.

Max – Bon, vous m'excuserez, mais j'ai d'autres compagnies qui m'attendent.

Max s'en va.

Scène 15

Moment de flottement.

Sam – Pourquoi on ne lui a pas dit ?

Fred – Quand elle a parlé de la police, j'ai paniqué.

Sam – Moi aussi. J'étais comme un gosse qu'on vient de surprendre en train de martyriser un chat.

Fred – Tu as déjà martyrisé un chat, toi ?

Sam – C'est juste une façon de parler.

Fred – Tu l'as entendue, on figure déjà sur la liste des suspects. Maintenant, ça va être plus difficile de nier.

Sam – Alors qu'est-ce qu'on va faire de Flamby ?

Fred – Il paraît qu'avec de l'acide, en une nuit, on peut faire disparaître un cadavre par le trou d'une baignoire.

Sam – Ouais... Mais il y a un problème.

Fred – Quoi ?

Sam – On n'a pas de baignoire...

Ils réfléchissent.

Fred – On a des toilettes.

Silence.

Sam – Qui de nous deux a eu le premier cette idée à la con de faire le festival d'Avignon !

Fred – Toi, je crois.

Sam – Tu es sûr ?

Fred – Je ne sais pas pourquoi, j'avais un mauvais pressentiment...

Sam – Ce qui est sûr, c'est que c'est toi qui as eu l'idée d'enlever un critique.

Fred se lève pour sortir.

Sam – Où tu vas ?

Fred – S'il faut le faire passer tout entier par le trou des toilettes, on va avoir besoin de quelques outils.

Sam – Il y a un Monsieur Bricolage juste à côté, ils sont très sympas... Ils nous ont même pris une affiche...

Ils sortent.

Noir.

Scène 16

Le critique est là, attaché sur une chaise. Fred et Sam arrivent.

Dany – Vous savez ce que vous risquez pour un enlèvement avec séquestration ?

Sam – Non. Combien ?

Dany – Je ne sais pas. Mais pas mal d'années de prison, sûrement...

Fred – Il suffit que vous fassiez ce qu'on vous dit et on vous libère.

Dany – Publier un rectificatif pour dire que finalement, j'adore votre spectacle ? Jamais !

Sam – Vous vous rendez compte des sacrifices que font les comédiens pour venir à Avignon ? Surtout quand ils n'ont aucune subvention...

Dany – Personne ne vous oblige à faire Avignon. Ce serait même un service à rendre au public que de vous abstenir...

Fred – Je vais le tuer...

Sam – Au moins, on parlera de nous dans le journal.

Dany – Vous êtes dingues, mais je ne vous crois pas assez fous pour faire un truc pareil.

Fred – Pourtant, je vois d'ici la une de *Provence Matin* : « Ulcérés par une mauvaise critique, des comédiens séquestrent un journaliste avant de le découper en morceaux et de le faire disparaître dans les toilettes par petits morceaux en tirant la chasse. »

Dany – C'est sûr que ça vous rendrait célèbres. En prison...!

Sam – Et si on ne se fait pas prendre...?

Dany – Dans ce cas, vous ne ferez pas la une des journaux !

Fred – Oui, ce n'est pas faux.

Sam – Comment résoudre ce dilemme...?

Dany – Non mais vous êtes complètement abrutis ! Il est nul, votre spectacle !

Fred – Il commence vraiment à m'énerver, pas toi ?

Sam – Tu as raison, on va s'en débarrasser.

Fred – Je vais chercher les outils que j'ai achetés chez Monsieur Bricolage. Il y avait une promo sur les scies-sauteuses.

Sam – Je t'accompagne. Il va falloir aussi des grands sacs poubelles.

Le critique les écoute, évidemment atterré.

Dany – Dites-moi que c'est une blague...? Vous n'allez pas faire ça...?

Fred – Remets-lui son bâillon.

Sam bâillonne le critique.

Fred – Finalement, ce n'est pas compliqué de faire taire un critique. Il suffit de lui mettre un bâillon...

Le critique émet des sons de protestation. Ils sortent.

Scène 17

L'attachée de presse revient et s'avance vers le bord de la scène, sans voir le critique attaché sur l'une des chaises.

Max – Fred ? Sam ? J'ai une bonne nouvelle pour vous, les loulous ! *(Elle balaie la salle du regard)* Où est-ce qu'ils sont passés, ces deux cons...?

Derrière elle, le critique essaie de se faire entendre à travers son bâillon.

Dany – Mmmm...

Max ne l'entend pas.

Max *(au public)* – Vous les avez vus, ces deux guignols ? *(Petite impro façon guignol, justement, en fonction des réactions du public)* Je ne sais pas, je les ai trouvés un peu bizarres, la dernière fois, non ? Et vous... vous n'avez rien remarqué d'inhabituel...?

Dany – Mmmm...

Dany se retourne et découvre le critique.

Max – Flamby ? Mais qu'est-ce que vous faites là ?

Dany – Mmmm...

Max – Mais articulez, mon vieux, je ne comprends rien à ce que vous me dites !

Dany – Mmmm...

Max – Ah d'accord... *(Elle lui retire son bâillon)* On vous cherche partout, Flamby ! On vous croyait noyé dans la Sorgue !

Dany – Ces deux fous m'ont enlevé et me séquestrent ici...

Max – Un enlèvement ? Mais enfin... pourquoi ?

Dany – Je vous expliquerai plus tard, il faut partir tout de suite ! Ils vont revenir d'un instant à l'autre, ils sont allés chercher des outils...!

Max – Des outils ?

Dany – Détachez-moi, je vous dis !

Max – OK, OK... Pas la peine de s'énerver...

Elle tente de le détacher mais a visiblement du mal.

Dany – Mais qu'est-ce que vous foutez, bon sang ?

Max – Qu'est-ce que c'est que ce nœud...? Le type qui a fait ça devait être marin, ce n'est pas possible...

Dany – Vous n'avez pas un couteau ?

Max – Non, désolée... Je ne me promène pas avec un couteau sur moi dans les rues d'Avignon...

Dany – Ouais, ben moi, en tant que critique, je ferais mieux de demander un port d'arme...

Scène 18

Sam et Fred reviennent. Ils sont visiblement embarrassés de voir que Max a découvert leur otage.

Sam – Max ? On ne vous attendait pas si tôt...

Max – Je venais vous annoncer que le critique de Libre Théâtre viendrait voir votre spectacle ce soir.

Fred – Génial...

Max – Mais je vous avoue que maintenant, j'hésite un peu. Vous êtes dingues ! Enlever un journaliste ? On n'est pas en Russie !

Sam – On s'est un peu laissés aller, c'est vrai.

Max – Un peu ?

Fred – Non mais vous avez lu son papier !

Max – Détachez-le tout de suite. Il est peut-être encore temps de calmer les choses. Si vous lui faites des excuses...

Fred – Des excuses ? Jamais de la vie !

Dany – Ils ne vont pas s'en sortir avec des excuses, croyez-moi. Je vais de ce pas au commissariat pour porter plainte. Détachez-moi !

Sam – Vous voyez bien qu'on ne peut pas le relâcher.

Fred – Il vient de le dire : il va aller tout raconter à la police.

Max – En tout cas, je ne veux pas être mêlée à ça.

Sam – Tout ça c'est de votre faute, de toute façon. Vous êtes nulle comme attachée de presse !

Dany – Mais c'est votre spectacle qui est nul !

Max – Flamby a raison. Ça fait des années que je fais ce métier, c'est le pire spectacle que j'ai jamais vu ! Même le critique de Libre Théâtre ne voulait pas venir. J'ai dû lui promettre une invitation à dîner... et plus si affinités.

Dany – Ah, vous voyez ! Votre attachée de presse est d'accord avec moi. Vous êtes nuls !

Max – J'appelle la police.

Max sort son portable. Sam se tourne vers Fred avec un air interrogatif.

Fred – On n'a pas le choix...

Noir.

Scène 19

L'attachée de presse est bâillonnée à côté du critique.

Sam – Si ça continue, il va nous falloir plus de place...

Fred – Ouais, parce que je prendrais bien aussi en otage le type qui nous a loué ce trou à rats.

Sam – Et ce n'est pas une façon de parler, crois-moi... Ce matin, j'en ai vu deux sortir de sous le lit et traverser le couloir pour aller aux chiottes.

Fred – Il y a plus de rats que de spectateurs, dans ce théâtre...

Sam – Et l'attachée de presse ?

Fred – On ne pouvait pas la laisser appeler la police.

Sam – Ouais, mais maintenant, c'est quoi le plan ? (*Son portable sonne, et il répond*) Oui, maman... Oui, la première s'est très bien passée, on a fait un complet. Et le bouche-à-oreille commence à bien fonctionner... Si tout va bien, je crois qu'on pourra même te rembourser... Eh ben écoute, on a déjà une première critique... Dans *Provence Matin*, oui... D'accord, je te l'enverrai... D'accord... Il faut que je te laisse, on est avec l'attachée de presse et un journaliste, justement... C'est ça, pour une interview... Merci... Je t'embrasse, moi aussi...

Il range son portable.

Fred – Il va falloir prendre une décision...

Sam – Ils n'ont plus l'air de bouger...

Fred – Ils ne sont pas morts, au moins ?

Bruit de ronflements.

Sam – Ah non, ils dorment...

Fred – Ce n'est pas tout ça, mais il va quand même falloir aller tracter.

Sam – Oui... Parce que ce n'est pas grâce à eux qu'on va remplir la salle...

Ils sortent.

Scène 20

Dany et Max reprennent leurs esprits. Ils se regardent.

Dany – Max ? Alors vous aussi...

Max – Je savais qu'ils étaient un peu neuneus, mais alors à ce point là...

Dany – Un peu neuneus ? C'est des psychopathes, oui ! Ils sont allés chez Monsieur Bricolage acheter des scies pour débiter nos cadavres en morceaux !

Max – Monsieur Bricolage ? Ah oui... C'est vrai qu'il y a des promos en ce moment...

Dany – Si vous n'aviez pas mis autant de temps à me détacher tout à l'heure, aussi !

Max – Ça va être de ma faute, maintenant ! C'est vous qui les avez mis en rogne avec cette critique pourrie dans *Provence Matin*.

Dany – Mais il est nul, leur spectacle !

Max – C'est la première fois qu'ils font Avignon...

Dany – J'espère pour le public que c'est la dernière.

Max – OK, ils sont nuls, mais il ne demandent qu'à s'améliorer. Et puis il faut reconnaître qu'ils sont motivés...

Dany – Dans un sens je vous admire, vous savez. Parce que défendre des spectacles pareils, ça ne doit pas être facile tous les jours. Pourquoi vous faites ce métier, au juste ?

Max – Qu'est-ce que vous voulez... Moi, j'ai une certaine tendresse pour les loosers. D'accord, ils n'ont aucun talent, mais au moins ils essaient d'aller au bout de leur passion.

Dany – Ce qui serait bien c'est qu'ils décident de faire autre chose, surtout...

Max – Ne soyez pas trop dur avec eux. Ce sont de grands enfants, vous savez. Tous les comédiens font ce métier pour qu'on les applaudisse. Pour qu'on leur dise qu'on les aime.

Dany – Je ne peux quand même pas dire que c'est un bon spectacle ! Juste pour leur faire plaisir...

Max – Non, évidemment... Mais il y a des mots qui font plus mal que d'autres, vous comprenez. Pour vous c'est juste une mauvaise critique. Pour eux, c'est leur vie qui est en jeu...

Dany – Pour l'instant c'est la nôtre qu'il s'agit de sauver ! Parce que si on est encore là dans cinq minutes...

Max – Vous avez raison. Il vaut mieux s'en aller... Et puis je n'ai pas que ça à faire moi...

Dany – Il faudrait encore pouvoir se détacher. *(Il fait quelques contorsions pour essayer de se libérer)* Parce qu'il faut au moins leur reconnaître ça : ils savent faire un nœud...

L'attachée de presse regarde le public.

Max – On n'a qu'à leur demander.

Dany – Leur demander...? À qui ?

Max – Au public !

Dany *(chuchotant)* – Non, mais ça c'est le quatrième mur... On n'est pas supposés parler au public.

Max – Ne soyez pas aussi rigide, mon vieux ! Là on est dans les nouvelles écritures théâtrales. On envoie péter toutes les conventions. On a le droit de tout faire !

Dany – Vous croyez ?

Max – Vous voulez partir d'ici, oui ou non ?

Dany – Bon d'accord...

Max – Ohé !

Dany – Quelqu'un pourrait venir nous détacher ?

Max – Y a-t-il un marin dans la salle ?

Si quelqu'un accepte, petite impro. Sinon, c'est l'attachée de presse qui parviendra à se détacher et qui libérera l'autre otage.

Dany – Enfin libre !

Max – Jusque-là j'étais attachée de presse, maintenant je suis une détachée de presse.

Dany – Très drôle... Vous devriez faire du stand up...

Max – Tirons-nous d'ici avant que ces deux cinglés ne reviennent...

Dany se tourne vers le public.

Dany – Je vous avais dit de ne pas venir voir ce spectacle ! Il faut lire les critiques dans les journaux, hein ? Ou alors, après, il ne faut pas vous plaindre...

Ils sortent.

<h1 style="text-align:center">Scène 21</h1>

Sam et Fred reviennent. Fred tient Provence Matin *à la main et y jette un coup d'œil.*

Sam – Encore une critique élogieuse de notre spectacle dans la presse ?

Fred – On parle de la disparition de Flamby...

Sam – Et alors ?

Fred – La piste de l'enlèvement est confirmée.

Sam – OK...

Fred *(lisant)* – « Des festivaliers auraient aperçu deux hommes avec des masques de théâtre contraindre le célèbre critique à entrer dans une fourgonnette. »

Sam – L'étau se ressert, on dirait...

Fred – Non...

Sam – Quoi encore ?

Fred *(lisant)* – « Les ravisseurs demanderaient une rançon de 10 000 euros... »

Sam – C'est une blague ?

Fred – Une compagnie désargentée qui aura trouvé ce moyen-là pour rentrer dans ses frais.

Sam – C'est dingue... Personne ne nous connaît, mais il y a déjà des comédiens qui veulent se faire passer pour nous.

Fred – 10 000 euros... Ou alors c'est ta mère, pour récupérer l'argent qu'elle nous a prêté.

Sam se rend compte que le critique et l'attachée de presse ont disparu.

Sam – C'est toi qui as mis les otages là-haut avant de partir ?

Fred – Non...

Sam – Alors ils ont réussi à s'échapper...

Fred – Pourtant j'avais fait un nœud de marin...

Sam – Comme ceux qu'on nous a appris à faire à ce stage de voile l'été dernier en Bretagne...

Fred – Je ne sais pas qui a bien pu les détacher.

Sam – Non, moi non plus...

Ils jettent un regard soupçonneux vers le public.

Fred – Ils doivent déjà être au commissariat en train de porter plainte.

Sam – Enlèvement et séquestration...

Fred – Ce soir, on dormira en prison...

Sam – Oui... Mais là, c'est l'heure d'entrer en scène. Essayons au moins de finir en beauté...

Ils sortent.

Noir.

Scène 22

Sam et Fred arrivent, très exaltés.

Fred – On était encore meilleurs que la dernière fois, non ?

Sam – Ouais... Je crois même en avoir entendu un ou deux applaudir à la fin.

Fred – Et il y en a un qui s'est levé, tu as vu ?

Sam – C'était peut-être pour partir plus vite, mais bon...

Fred – Comme il n'y avait que trois spectateurs dans la salle, deux qui applaudissent et un qui se lève, c'est presqu'une standing ovation...

Leur mine s'assombrit.

Fred – Les flics ne sont pas encore là.

Sam – Ça ne devrait pas tarder.

Fred – Il faudra faire un communiqué de presse pour annoncer la fin prématurée du spectacle...

Sam – Par respect pour notre public...

Fred – Ce serait dommage que les spectateurs viennent faire la queue pour rien devant le théâtre.

Moment de déprime.

Sam – Il faut voir le bon côté des choses... Au moins on n'aura plus à tracter par 45 degrés à l'ombre.

Fred – À l'ombre... C'est là où on va passer le reste de l'été.

Sam – Une cellule de prison, ça ne peut pas être pire que notre placard à balais, là-haut, sous les toits.

Fred – Tu crois qu'il y a la clim, en prison ?

Sam – Ça doit être en option, comme à l'hôpital.

Fred – En tout cas, pour nous, Avignon, c'est fini...

Sam regarde son portable.

Sam – Dommage... Tu vas rire, mais contre toute attente, on avait quelques réservations pour demain.

Fred – Après tout, tant que la police ne vient pas nous chercher, on peut continuer à jouer... The show must go on...

Sam – Des flics qui débarquent en plein milieu du spectacle pour nous passer les menottes, c'est vrai que ça aurait de la gueule. Histoire de finir notre carrière sur un coup de théâtre.

Fred – J'entends quelqu'un, ça doit être eux...

Sam – Ils ne font pas beaucoup de bruit.

Fred – Ça doit être le GIGN.

Sam – Ah, non, c'est Max...

Fred – J'aurais encore préféré que ce soit le GIGN...

Scène 23

L'attachée de presse arrive, un journal à la main.

Max – Salut les loulous. Alors, ça boume ?

Sam – Vous venez nous dire adieu avant que les flics nous embarquent ?

Fred – Ou alors elle est venue toucher son chèque...

Sam – Ce n'est pas avec la recette d'aujourd'hui qu'on va vous payer, je vous préviens.

Fred – En prison, apportez nous des oranges, ça nous changera des pastèques.

Max – Vous avez lu le journal ?

Sam – Non, pourquoi ? On est passé de la rubrique culture à la page faits-divers ?

Max – Daniel Flamby a publié un rectificatif à sa critique sur votre spectacle.

Fred – Pour nous enfoncer encore plus, j'imagine...

Max *(lisant)* – « Je le confirme, ce spectacle n'est pas mauvais, il est très mauvais. Mais il y a aussi des ratages confinant au surréalisme, et à un tel niveau de nullité intersidérale, on peut presque parler d'un chef d'œuvre du genre. »

Sam – Un chef d'œuvre ? C'est bon, ça, non ?

Max *(lisant)* – « Ce spectacle affligeant nous rappelle ces films fantastiques de série Z devenus aujourd'hui des classiques, et qu'on a un plaisir coupable à regarder en cachette. Non pas pour la qualité du scénario ou de la réalisation, mais pour l'esprit de liberté rafraîchissant dont témoignent ces nanars absolus. »

Fred – Il y a une référence cinématographique, en tout cas...

Max *(lisant)* – « Après tout, pourquoi le théâtre devrait-il être réservé à ceux qui ont du talent ? Comme beaucoup d'autres, les deux comédiens qui ont écrit et interprètent ce spectacle affligeant ont mis tous leurs espoirs et investi toutes leurs économies pour réaliser leur rêve : faire le festival d'Avignon. Et ils ont montré qu'ils étaient prêts à tout, mais vraiment à tout, pour y arriver. Alors donnons leur une chance de s'améliorer. Je suis sûr qu'avec un peu d'imagination, ils peuvent faire encore pire... »

Sam – Je ne sais pas trop comment interpréter ça...

Fred – Ça se termine quand même par un encouragement, non ?

Sam regarde à nouveau son portable.

Sam – En tout cas, les réservations repartent à la hausse. C'est dingue ! On est presque complet pour demain...

Max – Je vous l'avais dit ! Un papier de Daniel Flamby dans *Provence Matin*, ça peut lancer une carrière...

Fred – Et il n'a pas porté plainte ?

Max – Croyez-moi, j'ai dû payer de ma personne pour qu'il y renonce... Mais bon... je pense que cette aventure lui a quand même appris quelque chose...

Sam – Alors on va pouvoir finir le festival ?

Max – Et j'ai une autre bonne nouvelle, les loulous : le chargé de programmation du Foyer Rural Catholique de Saint-Léonard-des-Bois est intéressé...

Fred – Il achète le spectacle ?

Sam – Combien ?

Max – Ah, non, il ne l'achète pas... mais vous serez nourris et logés.

Fred – Logés...?

Max – Dans une grange à côté de la salle des fêtes.

Sam – Après tout, Molière a commencé comme ça...

Fred – C'est un début, non ?

Max – Alors ? Quitte ou double ?

Sam – On hésite encore...

Fred – En tout cas, on a déjà une idée pour le OFF de l'année prochaine.

Max – Ah oui ?

Sam – C'est même vous qui nous l'avez soufflée. Vous savez ? Les galères d'une petite compagnie qui fait Avignon pour la première fois avec un spectacle de merde.

Max – Ah, oui...

Fred – Ça s'appellera "Y a-t-il un critique dans la salle ?".

Sam montre l'affiche du spectacle. Dany arrive.

Dany – Mesdames et messieurs, vous êtes venus voir cette comédie que je vous avais pourtant vivement déconseillée, alors tant pis pour vous.. Si malgré tout vous avez aimé ce spectacle n'hésitez pas à en parler autour de vous. Si vous ne l'avez pas aimé, réfléchissez à deux fois avant de rédiger vous-même une mauvaise critique sur un de ces sites de billetterie en ligne. Vous avez vu de quoi ces gens sont capables...

Sur une musique inquiétante de thriller, Fred et Sam montrent le matériel qu'ils ont acheté chez Monsieur Bricolage : corde, scie, bidon d'acide...

Noir.

Fin.

Octobre 2023